Marcel Freidinger

Internationale Direktinvestitionen und ihre Rolle in

GRIN - Verlag für akademische Texte

Der GRIN Verlag mit Sitz in München hat sich seit der Gründung im Jahr 1998 auf die Veröffentlichung akademischer Texte spezialisiert.

Die Verlagswebseite www.grin.com ist für Studenten, Hochschullehrer und andere Akademiker die ideale Plattform, ihre Fachtexte, Studienarbeiten, Abschlussarbeiten oder Dissertationen einem breiten Publikum zu präsentieren.

Dokument Nr. V164040 aus dem GRIN Verlagsprogramm

Marcel Freidinger

Internationale Direktinvestitionen und ihre Rolle in der Globalisierung

GRIN Verlag

Bibliografische Information der Deutschen Nationalbibliothek: Die Deutsche Bibliothek verzeichnet diese Publikation in der Deutschen Nationalbibliografie; detaillierte bibliografische Daten sind im Internet über http://dnb.d-nb.de/ abrufbar.

1. Auflage 2010
Copyright © 2010 GRIN Verlag
http://www.grin.com/
Druck und Bindung: Books on Demand GmbH, Norderstedt Germany
ISBN 978-3-640-78684-8

Fachbereich Wirtschaftswissenschaften   Marburg, den 16.12.2009
Lehrstuhl Mikroökonomie
Philipps-Universität Marburg

Internationale Direktinvestitionen und ihre Rolle in der Globalisierung

Seminararbeit zum Seminar
„Globalisierung als neue Phase in der Entwicklung der Weltwirtschaft"

Wintersemester 2009/2010

Verfasst von:
Marcel Freidinger

I. Gliederung

II. Abkürzungsverzeichnis III
1. Einleitung 1
2. Begriffserklärung 2
   2.1 Globalisierung 2
   2.2 Definition Multinationale Unternehmen 3
   2.3 Definition Auslandsinvestition 3
      2.3.1 Definition Auslandsdirektinvestition 3
      2.3.2 Definition Portfolioinvestition 4
3. Direktinvestitionsmotive 4
   3.1 Absatzmotive (absatzmarktorientierte Direktinvestitionen) 5
   3.2 Kostenmotive (kosten- und effizienzorientierte Direktinvestitionen) 5
   3.3 Beschaffungsmotive (beschaffungsorientierte Direktinvestitionen) 6
   3.4 Sonstige Motive (umwelt- und standortorientierte Direktinvestitionen) 6
4. Effekte von Direktinvestitionen 7
   4.1 Auswirkungen im Heimatland 7
   4.2 Auswirkungen im Zielland 9
5. Theorien der Direktinvestitionen 9
   5.1 Mikroökonomische Ansätze 9
   5.2 Makroökonomische Ansätze 14
6. Zusammenfassung und Diskussion 15
III. Anhang IV
IV. Literaturverzeichnis VII

II. Abkürzungsverzeichnis

ADI	Ausländische Direktinvestitionen
BpB	Bundeszentrale für politische Bildung
DI	Direktinvestitionen
M&As	Mergers and Acquisitions
MNU	Multinationale Unternehmung
UNCTAD	United Nations Conference on Trade and Development

1. Einleitung

Über das Thema Globalisierung und die Konsequenzen, die eine globalisierte Welt mit sich bringt, wird spätestens seit Anfang der 90er Jahre kontrovers diskutiert. In den Medien werden Produktionsverlagerungen deutscher multinationaler Unternehmen (MNU) ins Ausland mit extremer Skepsis betrachtet. In diesem Zusammenhang ist oft von einem Ausverkauf der deutschen Wirtschaft und einem Deutschland als größter Jobexporteur die Rede. Als Motiv für die Verlagerung der Produktionsstätten werden von medialer Seite oft niedrigere Lohnkosten oder auch niedrigere Steuerbelastung im Gastland genannt. Von unternehmensnaher Seite entgegnet man jedoch, dass die Verlagerung der Produktion oder die Errichtung von Tochterunternehmen im Ausland, auf lange Frist gesehen eine arbeitsplatzsichernde Wirkung im Inland haben. Doch nach wie vor reagieren die deutschen Bundesbürger und auch Politiker äußerst sensibel, wenn deutsche Großunternehmen ihre Produktion ins Ausland verlagern und im Ausland Direktinvestitionen (DI) tätigen.[1] Es besteht die Vermutung, dass diese beispielsweise in großem Umfang zum Verlust von Arbeitsplätzen oder einer Reduktion der Löhne im Inland führen („Race to the bottom").[2] Im Zuge dessen kam es zu einer Standortdebatte in Deutschland, über die Wettbewerbsfähigkeit der deutschen Wirtschaft in einer globalisierten Welt. Heute sehen Regierungen in dem Zustrom ausländischer Direktinvestitionen (ADI) einen der wichtigen Bausteine, für den zukünftigen Entwicklungsprozess ihrer Volkswirtschaft. Deshalb gilt es im internationalen Standortwettbewerb für jede Regierung, Strukturen in der eigenen Volkswirtschaft zu schaffen, die potentiellen Investoren Anreize bieten, hier zu investieren.

Galt der internationale Außenhandel bisher als Hauptindikator der Globalisierung, so spielen doch aufgrund der zunehmenden weltwirtschaftlichen unternehmerischen Verflechtungen Direktinvestitionen seit Mitte der achtziger Jahre eine immer größer werdende Rolle.[3] Weisen Exporte und Direktinvestitionen bis zu diesem Zeitpunkt ungefähr die gleichen Wachstumsraten auf, so hat danach das Wachstum der Direktinvestitionen das der Exporte deutlich übertroffen. [Vgl. Abb. 5] In diesem Zusammenhang sind Direktinvestitionen neben dem Außenhandel zu einem der Hauptindikatoren und Triebkräfte der Globalisierung geworden. Grenzüberschreitende Unternehmensfusionen, sogenannte Mergers and Acquisitions (M&A), bilden mit weit über 80 Prozent den größten Anteil innerhalb der

---

[1] Vgl. Knödler, Hermann (1999), Seite 1
[2] Vgl. Duwendag, Dieter (2006), Seite 102
[3] Vgl. Welter, Thomas (2000), Seite 19

Direktinvestitionen.[4] Um internationale Direktinvestitionen und ihre Rolle in der Globalisierung bestimmen zu können, werden in Kapitel zwei zunächst die Begriffe Globalisierung und multinationale Unternehmung, die die Impulsgeber von ausländischen Direktinvestitionen sind, erläutert. Desweiteren wird der Begriff des Außenhandels definiert und in diesem Zusammenhang werden Direktinvestitionen von Portfolioinvestitionen abgegrenzt. Anschließend werden in Kapitel drei die Motive aufgezeigt, welche die Unternehmen dazu veranlassen, Direktinvestitionen zu tätigen. Hier geht es um die Bestimmung von Direktinvestitionstypen, anhand derer im vierten Kapitel mögliche Folgen für die Volkswirtschaft des investierenden Unternehmens abgeleitet werden. Außerdem werden die Auswirkungen von Direktinvestitionen im Zielland aufgezeigt und näher erläutert. In Kapitel fünf werden mikro- und makroökonomische Theorien der Direktinvestition beschrieben.

2. Begriffserklärung

2.1 Globalisierung

Der Begriff der Globalisierung bezeichnet „Prozesse der außerordentlichen Zunahme von Interaktionen in einer transnationalen Dimension verstanden werden, d.h. die Zunahmen von Volumen und Frequenz des Austausches von Menschen, Gütern, Kapital und Ideen über die Grenzen von Nationalstaaten hinweg."[5] Begünstigt wurde der Globalisierungsprozess in den letzten Jahren durch globalisierungsfördernde Faktoren. Bei diesen handelt es sich um die Liberalisierung des Außenhandels und der Finanzmärkte, die Schaffung regionaler Handelszonen, die Transformation des Ostblocks, die Marktöffnung der Dritten Welt und den Fortschritt der Informations- und Kommunikationstechnologien.[6] Daraus resultieren fallende Kosten für Energie, Transport, Informationen und Zölle, wie in Abbildung 1 bis 3 zu entnehmen ist. Ohne diese Entwicklung wäre das immense Wachstum der multinationalen Unternehmen in den letzten Jahrzenten nicht möglich gewesen.[7] So gab es 1998 weltweit rund 59.900 MNU, die mit ihren 508.000 Auslandstöchtern rund ein Drittel des Welthandels abwickelten.[8] Nach Schätzungen der United Nations Conference on Trade and Development

---

[4] Vgl. Bundeszentrale für politische Bildung (BpB)- ADI pro Jahr (2009), Seite 11
[5] Vgl. Dieter, Heribert (2003), Seite 34
[6] Vgl. Duwendag, Dieter (2006), Seite 15
[7] Vgl. Duwendag, Dieter (2006), Seite 21
[8] Vgl. Welter, Thomas (2000), Seite 149

(UNCTAD) sind es heute sogar über 80 Prozent.[9] MNU werden somit als Hauptakteure im Globalisierungsprozess gesehen.[10]

2.2 Definition Multinationale Unternehmen

Multinationale Unternehmen entstehen durch die Vornahme von ausländischen Direktinvestitionen.[11] Hierbei handelt es sich um international tätige Unternehmen, die durch Direktinvestitionen in einkommensschaffende Vermögenswerte in zahlreichen Staaten präsent sind. Dies geschieht in Form von Tochtergesellschaften oder Betriebsstätten sowie Niederlassungen im Gastland. Wie in Abbildung 4 zu sehen ist, erfolgen diese Beteiligungen zum größten Teil über Fusionen und Übernahmen, sogenannten M&As. Produktions- und Absatzmärkte multinationaler Unternehmen sind auf mehrere Länder verteilt. So nutzen die Unternehmen zum Beispiel günstige Standortvorteile und preiswerte Bezugsquellen für Rohstoffe, liefern aber im Gegenzug dem Gastland neue Technologien und Maschinen und schaffen dort auch Arbeitsplätze. Wie oben bereits angeführt, sind multinationale Unternehmen mit einem Anteil von heute knapp 80 Prozent am gesamten Welthandelsvolumen, die treibende Kraft im Globalisierungsprozess.[12]

2.3 Definition Auslandsinvestition

Unter Auslandsinvestition versteht man die Übertragung inländischen Kapitals ins Ausland. Zu unterscheiden sind Direktinvestitionen (direkte Investition) und Portfolioinvestitionen (indirekte Investition).[13]

2.3.1 Definition Auslandsdirektinvestition

Unter Auslandsdirektinvestitionen (Foreign Direct Investment) versteht man die Einbringung von Kapital eines Investors im Ausland. Wesentliches Merkmal ist die Absicht, Einfluss auf die Unternehmenspolitik des zu gründenden oder bestehenden Unternehmens zu nehmen.[14]
Einfluss kann das investierende Unternehmen erlangen, indem Tochterunternehmen im Ausland gegründet werden bzw. Beteiligungen an Unternehmen erworben werden. Diese Beteiligungen werden dann als Direktinvestitionen angesehen, sofern der Kapitalgeber 10% und mehr der Anteile und Stimmrechte erworben hat bzw. er mittelbar oder unmittelbar mehr als 50% vom Nennkapital oder der Stimmrechte des gebietsansässigen Unternehmens

---

[9] Vgl. Kruber Meyer, Klaus-Peter (2009)
[10] Vgl. Duwendag, Dieter (2006), Seite 22
[11] Vgl. Knödler, Hermann (1999), Seite 88
[12] Vgl. Kruber Meyer, Klaus-Peter (2009)
[13] Vgl. Haas, Hans-Dieter, Neumair, Simon-Martin (2006), Seite 215
[14] Vgl. Knödler, Hermann (1999), Seite 6

zuzurechnen sind.[15] Zudem zählen Kredite zwischen verbundenen gebietsansässigen und gebietsfremden Unternehmen zu ausländischen Direktinvestitionen. Direktinvestitionen zählen zum langfristigen Kapitalverkehr und sind kurzfristig nicht reversibel. Das bedeutet, dass ein Ausstieg aus dem Markt im Gegensatz zu anderen Arten des Auslandsgeschäfts, wie Lizensierung und Export, zum einen schwieriger und zum anderen um ein vielfaches kostenintensiver ist.

Ersichtlich sind die Direktinvestitionsflüsse zwischen In- und Ausländern in der Kapitalbilanz. Diese ist eine Unterbilanz der Zahlungsbilanz.

Kapitalzuflüsse kann man unter anderem als Indiz für die Attraktivität eines Standorts als Investitionsstandort für Unternehmen deuten. Doch neben den monetär bewerteten Kapitalströmen werden auch unternehmensspezifische Transfers getätigt, wie beispielsweise die Übertragung von Know-how, Humankapital, Produktionsfaktoren, Technologie und Managementleistungen.[16]

Die Definitionen der Direktinvestition umfassen alle Wirtschaftszweige wie Dienstleistungsbereich, Handel und Industrie[17].

2.3.2 Definition Portfolioinvestition

Im Gegensatz zu Auslandsdirektinvestitionen, werden (Auslands-) Portfolioinvestitionen nicht aus dem Grund getätigt, Einfluss auf die Unternehmenspolitik zu nehmen. Sie dienen ausnahmslos der Geldanlage, mit dem Ziel eine möglichst hohe Rendite zu erzielen. Zu den häufigsten Anlagearten zählen Beteiligungen in Form von Aktien, Unternehmensanleihen oder Investmentzertifikaten.

3. Direktinvestitionsmotive

Es gibt eine Vielzahl von Motiven, die Unternehmen dazu veranlassen, ausländische Direktinvestitionen zu tätigen. So haben zum Beispiel große Unternehmen unter gleichen Rahmenbedingungen andere Strategien und Vorgehensweisen, als kleine und mittelständische Unternehmen oder sie variieren je nach Branchenzugehörigkeit. Die Entscheidung, Direktinvestitionen im Ausland vorzunehmen, wird somit auf der Basis einer Vielzahl von verschiedensten Einzelmotiven getroffen.[18] Es wird zwischen absatzmarktorientierten, kosten-

---

[15] Vgl. Deutsche Bundesbank (2009) Merkblatt: Zahlungen im Außenwirtschaftsverkehr; Direktinvestitionen
[16] Vgl. Jahrreis, Wolfgang (1984), Seite 27
[17] Vgl. Olbricht, Bernd (1974), Seite 44
[18] Vgl. Hilpert, Günther (1992), Seite 113

und effizienzorientierten, beschaffungsorientierten und umwelt- und standortorientierten Direktinvestitionsmotiven unterschieden.[19]

3.1 Absatzmotive (absatzmarktorientierte Direktinvestitionen)

Bei absatzmarkorientierten Direktinvestitionen geht es hauptsächlich darum, neue Märkte zu erschließen bzw. um die Absicherung bereits bestehender Märkte (Streuung des unternehmerischen Risikos auf mehrere Märkte).[20] Dies ist als Investition in Produktionskapazitäten vor Ort oder durch Investitionen in Vertriebs- bzw. Serviceeinrichtungen möglich. Gründe für absatzmarktorientierte Direktinvestitionen sind:

1. Unternehmen nennen als Hauptgrund für absatzorientierte Direktinvestitionen zum einen eine existenzsichernde Wirkung im (gesättigten) Heimatmarkt, auf Grund einer größeren Risikostreuung und einem Aufbau eines größeren Handelsnetzes. Zum anderen besteht die Hoffnung auf die Teilnahme am potentiellen Wachstum auf Auslandsmärkten.[21]
2. Ein weiterer wichtiger Grund ist die Umgehung von Hindernissen und Restriktionen im Gastland, um in einen Markt einzutreten und zu exportieren, was ohne diese Investition erst gar nicht möglich wäre. Restriktionen können zum Beispiel Importverbote, Schutzzölle, Diskriminierung bei öffentlichen Ausschreibungen oder nicht-tarifäre Handelshemmnisse sein.[22] Direktinvestitionen zur Umgehung solcher Hindernisse haben in den letzten Jahren jedoch immer mehr an Bedeutung verloren, da es beispielsweise zur Schaffung von supranationalen Binnenmärkten gekommen ist (Europäische Union) oder internationale Handelsabkommen dazu beitrugen, diese Hindernisse abzubauen.

3.2 Kostenmotive (kosten- und effizienzorientierte Direktinvestitionen)

Direktinvestitionen aus Kosten- und Effizienzgründen, erfolgen aus der Möglichkeit heraus, günstigere Produktionsfaktoren und kostengünstigere Transaktionskosten im Gastland zu nutzen. Außerdem zählen kostengünstigere Arbeitskosten und niedrigere Arbeitszusatzkosten zu den Gründen für Direktinvestitionen im Ausland.[23] Daraus ergibt sich die Möglichkeit der Mischkalkulation oder die Nutzung von Skaleneffekten für das investierende Unternehmen.[24] Doch eine günstigere Produktion aufgrund einer Ausgliederung arbeitsintensiver

---

[19] Vgl. Welter, Thomas (2000), Seite 28ff
[20] Vgl. Knödler, H. (1999), Seite 67
[21] Vgl. Knödler, H. (1999), Seite 68
[22] Vgl. Knödler, H. (1999), Seite 68
[23] Vgl. Schumann, R. (1999), Seite 22
[24] Vgl. Knödler, H. (1999), Seite 68

Produktionsprozesse in Billiglohnländer ist nur ein Teil der kosten- und effizienzorientierten Direktinvestition. So können solche auch zwischen Industrieländern vorgenommen werden. Hier richtet sich das Hauptaugenmerk auf das verfügbare Humankapital, die spezifische Beschaffenheit des Marktes und die wirtschaftspolitischen Rahmenbedingungen. Desweiteren sind sogenannte Clusterbildungen für die Direktinvestitionen verantwortlich.[25] Hier findet eine regionale Konzentration von Unternehmen statt, die über Liefer- oder Wettbewerbsbeziehungen oder gemeinsame Interessen verfolgend, in Beziehung stehen. Durch Clusterbildung ergeben sich Wettbewerbsvorteile aufgrund verbesserter Arbeitsteilung, einer Beschleunigung des technologischen Fortschritts, Aneignung von spezifischem Know-how und eines besseren Angebots von Humankapital und Vorprodukten. Ein klassisches Beispiel für eine solche Clusterbildung ist Silicon Valley[26], das in den 90er Jahren sich, durch o.g. Wettbewerbsvorteile, zu der stärksten Wirtschaftsregion den USA entwickeln konnte.

3.3 Beschaffungsmotive (beschaffungsorientierte Direktinvestitionen)

Besteht beispielsweise eine große Abhängigkeit des Unternehmens zu internationalen Beschaffungsmärkten, so kann es ratsam sein, vertikal zu investieren, um die Produktion zu gewährleisten und abzusichern und diese Abhängigkeit vom Einkauf über den Weltmarkt zu reduzieren.[27]

Je größer das Risiko ist, dass die Ware eventuell nicht mehr über den Weltmarkt generiert werden kann, umso größer der Anreiz für das Unternehmen in die vorgelagerte Produktionsstufen zu investieren.[28]

3.4 Sonstige Motive (umwelt- und standortorientierte Direktinvestitionen)

Zur Gruppe der umwelt- und standortorientierten Direktinvestitionen, zählen diejenigen Direktinvestitionen, die nicht in den ersten drei Gruppen erfasst sind.[29] Hierzu gehören ausländische Direktinvestitionen, die zur Kompensation von möglichen Standortnachteilen im Inland getätigt werden, wie beispielsweise strenge Umweltauflagen oder diese, die als Reaktion auf protektionistische Handelspolitiken vorgenommen werden.[30] Desweiteren wird das Unternehmen einen Vergleich zwischen den Ländern durchführen, bezogen auf Parameter wie politische Stabilität, Wechselkursrisiken, steuerliche Behandlung, Umweltschutzauflagen, mögliche Investitionsförderungen, die Qualifikation der Arbeitnehmer, vorhandene

---

[25] Vgl. Welter, Thomas (2000), Seite 31
[26] Vgl. Welter, Thomas (2000), Seite 31
[27] Vgl. Welter, Thomas (2000), Seite 29
[28] Vgl. Knödler, Hermann (1999), Seite 70
[29] Vgl. Knödler, Hermann (1999), Seite 70
[30] Vgl. Welter, Thomas (2000), Seite 31

Infrastruktur und vor allem Rechtssicherheit.[31] Stellt sich heraus, dass die oben genannten Rahmenbedingungen im Gastland vorteilhafter sind als im Heimatland, so wirken diese investitionsfördernd. Ist dies jedoch nicht der Fall, ist die Wirkung investitionshemmend.

4. Effekte von Direktinvestitionen

Direktinvestitionen haben sowohl Auswirkungen auf die Volkswirtschaft des Gastlandes, als auch auf die des Mutterlandes des investierenden Unternehmens. Doch wegen der Vielzahl an Motiven und Motivgeflechten, aufgrund dessen Direktinvestitionen getätigt werden, ist es äußerst schwer, ihre Effekte auf die Volkswirtschaften der Herkunfts- und Gastländer zu bestimmen.[32] Ein Ansatz, diese Effekte zu bestimmen, beruht auf einfachen Plausibilitätsüberlegungen.

4.1 Auswirkungen im Heimatland

Zu einem der Wirkungsfelder von Direktinvestitionen zählt der Beschäftigungseffekt im Inland. Im letzten Kapitel wurden die Motive der Unternehmen aufgezeigt, warum diese Direktinvestitionen im Ausland tätigen. Anhand dieser kann man nun mögliche Folgen für die inländische Beschäftigung ableiten, welche wiederum Auswirkungen auf andere volkswirtschaftliche Parameter, wie Sozialsysteme, Wirtschafts- und Steuerpolitik haben kann.

Bei absatzorientierten Direktinvestitionen gibt es auf lange Sicht gesehen keine Alternative zwischen Direktinvestition oder Nicht-Investition.[33] So wäre aufgrund eines im Heimatland gesättigten Marktes und der fehlenden Möglichkeit auf neuen ausländischen Märkten einzutreten, kein Unternehmenswachstum möglich. Werden jedoch ausländische Direktinvestitionen vorgenommen und Präsenz vor Ort gezeigt, so kann dies langfristig zu Exportsteigerungen und sogar zu einer Ausweitung der Produktion im Inland führen. Dies könnte sich wiederum positiv auf die Beschäftigung auswirken. Absatzorientierte Direktinvestitionen führen also nicht zu einer Substitution inländischer Investitionen. Dahingegen bestehen bei kostenorientierten Direktinvestitionen von vornherein Investitionsalternativen im Inland. Da diese jedoch aus Kostengründen nicht gewählt werden, führt dies zumindest kurzfristig zu einem Rückgang der Beschäftigung.[34] Von dieser Form der Direktinvestition sind meist arbeitsintensive Branchen mit relativ gering qualifizierten

---

[31] Vgl. Knödler, Hermann (1999), Seite 70
[32] Vgl. Welter, Thomas (2000), Seite 35
[33] Vgl. Knödler, Hermann (1999), Seite 71
[34] Vgl. Knödler, Hermann (1999), Seite 71

Arbeitnehmern betroffen. Langfristig kann der Beschäftigungsrückgang bestehen bleiben oder noch forciert werden, jedoch können auch die Vorteile, die das Unternehmen in Form von Skaleneffekten und Mischkalkulation besitzt, zu einem höheren Export führen und sich somit positiv auf die Beschäftigung auswirken. Bei beschaffungsorientierten Direktinvestitionen geht es gemäß Definition um den Aspekt, die Abhängigkeit vom internationalen Beschaffungsmarkt für Rohstoffe oder Vorprodukte durch Internalisierung der Beschaffungswege[35] zu reduzieren und so die Produktion im Inland abzusichern und aufrechtzuerhalten. Die Auswirkungen auf die inländische Beschäftigung können somit zumindest als neutral aber auch positiv eingeschätzt werden. Bei Direktinvestitionen aus umwelt- und standortorientierten Motiven, kommt es aufgrund von im Inland investitionshemmenden Maßnahmen, wie strengen Umweltauflagen, zumindest kurzfristig zu einem Rückgang der Beschäftigung. Langfristig gesehen kann die Beschäftigung weiter sinken, jedoch besteht auch hier die Möglichkeit, dass wie bei kostenorientierten Direktinvestitionen durch Mischkalkulation und Gewinntransfers Beschäftigung im Inland gesichert bzw. sogar geschaffen werden kann. Wie man erkennen kann, lassen sich kurzfristige Beschäftigungseffekte, die aufgrund von Direktinvestitionen auftreten, relativ eindeutig bestimmen, wohingegen langfristige Beschäftigungseffekte, aufgrund möglicher anderer Einflussfaktoren, Wechselwirkungen und gegenläufiger Entwicklungen[36] nicht so leicht bestimmen lassen. Direktinvestitionen wirken zudem in Bereiche wie Außenwirtschaftsbeziehungen und Wirtschaftswachstum hinein. Gemeint ist, ob dadurch inländische Exporte ersetzt werden oder ob es durch sie zu einer wohlfahrtssteigernden Wirkung im Zielland kommt und dadurch die ausländische Nachfrage nach inländischen Produkten gefördert wird, woraufhin die Exporte evtl. erhöht werden können. Desweiteren ist zu beachten, dass es durch die weltweite Vernetzung der Unternehmung zu einer Verlagerung des Wertschöpfungsprozesses kommt und erwirtschaftete Gewinne nicht mehr im Inland steuerpflichtig sind, sondern im steuergünstigeren Ausland. Daraus entstehen Mindereinnahmen für die öffentlichen Haushalte, die durch andere Wirtschaftssubjekte finanziert und aufgefangen werden müssen.[37] Außerdem können Direktinvestitionen Änderungen der Wirtschaftsstruktur zur Folge haben. So kann es sein, dass bestimmte Bereiche der Wirtschaft besonders von Direktinvestitionsbestrebungen betroffen sind, woraufhin Verlagerungen ins Ausland stattfinden und es zu einem Strukturwandel in der Wirtschaft kommt. Durch Direktinvestitionen und die daraus resultierenden Vorteile, wie die

---

[35] Vgl. Welter, Thomas (2000), Seite 29
[36] Vgl. Knödler, Hermann (1999), Seite 73
[37] Vgl. Knödler, Hermann (1999), Seite 102

Nutzung von Skaleneffekten oder Mischkalkulation, können jedoch auch wirtschaftlich defizitäre Branchen am Leben gehalten werden.[38] Die Möglichkeit für die Unternehmen, Direktinvestitionen, besonders mit dem Hintergrund der Kosteneinsparung, zu tätigen, kann ihnen eine besondere Stellung bei Tarifverhandlungen verleihen. Sie können Druck auf Arbeitnehmerverbände ausüben und versuchen, die Produktionskosten zu senken. Man kann hier deutlich erkennen, dass Direktinvestitionen Auswirkungen auf viele Bereiche sowohl in Wirtschaft als auch schlussendlich in der Gesellschaft haben.[39] Die Folgen, die sich daraus ergeben, ob Direktinvestitionen getätigt werden oder nicht, mögen die Bewohner eines Staates primär vielleicht nicht immer gleich betreffen, aber aufgrund von Interpendenzen zwischen den oben genannten Bereichen wird dies früher oder später doch der Fall sein.

4.2 Auswirkungen im Zielland

Die Auswirkungen im Zielland von Direktinvestitionen sind eher langfristiger Natur. Im Laufe der Zeit kommt es zu einem Transfer von Vermögenswerten des Mutterunternehmens hin zur Tochterunternehmung. Hierunter fällt etwa die Übertragung von Technologien, neuen Innovationen, immaterieller Technologien, wie Lizenzen und Patente, oder Management-Know-How.[40] Die Auswirkungen dieser Transfers können vielseitig sein. Zum einen wird zunächst die Produktivität des Unternehmens gesteigert und es wird wettbewerbsfähiger.[41] Durch den Technologietransfer kommt es zu einer Steigerung der Arbeitsproduktivität und ausländische Tochterunternehmen werden aufgrund dessen ihren Arbeitnehmern, im Vergleich zur heimischen Konkurrenz, höhere Löhne zahlen, was wiederum eine erhöhte Kaufkraft vor Ort schafft. Desweiteren kommt es zum sogenannten Spill-Over-Effekt, einem positiven externen Effekt, bei dem neue Technologien von Konkurrenzunternehmen übernommen werden bzw. diese von einer besseren Qualität der Vorprodukte profitieren. Das hat neben der Einkommenserhöhung zur Folge, dass die Wirtschaft auf einen höheren Wachstumspfad einschwenkt, was sich wiederum auf den Wohlstand der Volkswirtschaft auswirkt.

---

[38] Vgl. Knödler, Hermann (1999), Seite 103
[39] Vgl. Knödler, Hermann (1999), Seite 102
[40] Vgl. Knödler, Hermann (2002), Seite 171
[41] Vgl. Knödler, Hermann wie oben

5. Theorien der Direktinvestitionen

5.1 Mikroökonomische Ansätze

Bei den mikroökonomischen Ansätzen geht es um die ausschlaggebenden Gründe für ein Unternehmen, Direktinvestitionen im Ausland zu tätigen.[42] Es existieren in der Literatur sich teils ergänzende, teils widersprechende theoretische Partialansätze, unter anderem auch die Theorie des multinationalen Unternehmens, deren erklärende Partialansätze John H. Dunning in seinem eklektischen[43] Paradigma zusammenfügt und verknüpft. Als Ursprung der Theorie der Direktinvestition kann die monopolistische Vorteilstheorie nach Stephen Herbert Hymer und Charles Kindleberger angesehen werden[44]. Demnach wird ein Unternehmen im Ausland nur dann eine Direktinvestition tätigen, wenn es die Nachteile, die es gegenüber den anderen inländischen Unternehmen hat, durch spezifische, absolute sogenannte monopolistische Vorteile kompensieren kann. Mögliche Wettbewerbsnachteile erklärt Hymer mit vorübergehenden Markteintrittsschranken zum Beispiel in Form von fehlendem Wissen im Bereich der rechtlichen, wirtschaftlichen, politischen und kulturellen Begebenheiten des Gastlandes. Außerdem nennt er als weitere Nachteile mögliche Diskriminierung seitens des Staates, der Zulieferer und Konsumenten gegenüber dem Unternehmen. Die Wettbewerbsvorteile können verschiedenste Formen annehmen und entstehen aus Unvollkommenheiten des Marktes.

Nach Kindleberger lassen sie sich in vier Gruppen einteilen:

1) unvollkommene Konkurrenz auf Gütermärkten, zum Beispiel aufgrund von Produktdifferenzierung oder besonderen Marketingfähigkeiten
2) unvollkommene Konkurrenz auf Faktormärkten, zum Beispiel durch den vereinfachten Zugang zu internationalen Kapitalmärkten
3) Möglichkeit der Ausnutzung von Skaleneffekten
4) Existenz staatlicher Interventionen[45]

Oben genannte Vorteile sind notwendige Grundlage, damit Unternehmen den Durchbruch vorhandener Markteintrittsschranken im Ausland wagen, aber auch, um neue Markteintrittsschranken zu schaffen und damit die eigenen unternehmerischen Zielsetzungen,

---

[42] Vgl. Knödler, Hermann (1999), Seite 83
[43] „Eklektisch" [griechisch: zusammengestellt, gesammelt] hier: verschiedene Theorien und Partialansätze werden von Dunning zusammengefasst und zu einem übergreifendem System, zur Erklärung von DI zusammengestellt. Vgl. Knödler, Thomas (1999), Seite 93
[44] Vgl. Welter, Thomas (2000), Seite 60
[45] Vgl. Kindleberger, Charles P. (1969), Seite 13ff

wie Umsatz- und Gewinnmaximierung, zu realisieren.[46] Eine Erweiterung von Hymers monopolistischer Theorie stellt die standorttheoretische Erklärung nach Tesch dar.[47] Dieser sieht den Hauptgrund für ADI im standortbedingten Wettbewerbsvorteil eines Landes. Das bedeutet, dass Unternehmen erst dann Direktinvestitionen in dem Gastland tätigen, wenn dieses die, für das konkrete Investitionsobjekt, erforderlichen Standortfaktoren aufweisen kann. Zu den standortbedingten Wettbewerbsvorteilen zählen die Qualität und Kosten der Arbeitskräfte, Infrastruktur, Gesetzgebung, staatliche Steuer- und Subventionspolitik, potentielle Marktgröße und –wachstum, zudem Politik, Kultur und auch Sprache.[48] Sowohl die unternehmerischen Anforderungen an den Standort, als auch die Standortbedingungen im Gastland, unterliegen einer dynamischen Anpassung. Auf der einen Seite sind die vorhandenen Standortbedingungen das Ergebnis eines wirtschaftlichen, kulturellen, technischen und historischen Entwicklungsprozesses, auf der anderen Seite kommt es aufgrund des stetigen technischen Fortschritts und der Änderung von Produkten zu einer Veränderung der unternehmensbezogenen Anforderungen an den Standort und einer Strukturveränderung innerhalb von Branchen.[49] Einen weiteren Erklärungsansatz für Direktinvestitionen bietet die Theorie der multinationalen Unternehmung. Hier werden einzelne Einflussgrößen für Investitionen genannt, die ein multinationales Unternehmen dazu bewegt, Direktinvestitionen zu tätigen. Hauptansatz ist der sogenannte Internalisierungsansatz von Ronald Coase von 1937, welcher von Oliver E. Williamson und seiner Transaktionskostentheorie von 1975 weiterentwickelt wurde. Grundgedanke ist hier, dass Transaktionen über Märkte bei Vorhandensein von Externalitäten (Unvollkommenheit der Märkte) höhere Kosten verursachen, als dies durch unternehmensinterne Transaktionen der Fall wäre.[50] Eine besondere Rolle spielen hier Transaktionskosten in Form von Verhandlungs-, Informations- und Kontrollkosten.[51] Schätzt das Unternehmen eine über die Firmenhierarchie gesteuerte Verwertung der unternehmensspezifischen Wettbewerbsvorteile kostengünstiger ein, als dies durch die Verwendung des ausländischen Marktes möglich ist, so kann es Direktinvestitionen tätigen, um auf dem Zielmarkt aktiv zu werden.[52] Der Internalisierungsansatz bietet aber nur einen Erklärungsansatz und keine generelle Begründung für das Entstehen von multinationalen Unternehmen und somit der Entstehung

---

[46] Vgl. Schumann, Rolf (1999), Seite 24
[47] Vgl. Welter, Thomas (2000), Seite 63
[48] Vgl. Jost, Thomas (1997), Seite 28f
[49] Vgl. Tesch, Peter (1980), Seite 524f
[50] Vgl. Knödler, Hermann (1999), Seite 90
[51] Vgl. Sevov, Tihomir (2008), Seite 20
[52] Vgl. Knödler, Hermann (1999), Seite 95

von Direktinvestitionen.[53] Er stellt nur eine notwendige aber keine hinreichende Bedingung hierfür dar. Ein weiterer Partialansatz innerhalb der Theorie des multinationalen Unternehmens ist der Integrationsansatz. Hier wird in horizontal und/oder vertikal integrierte multinationale Unternehmen unterschieden. Vorteile entstehen so aufgrund von Unternehmensexpansion durch Erwerb oder Gründung von Auslandsbetrieben in vor- bzw. nachgelagerten Produktions- bzw. Absatzstufen.[54] Horizontale Integration findet dann statt, wenn die Unternehmen das gleiche Produkt auf dem Markt anbieten, wobei das eine Unternehmen im Inland und das andere im Ausland beheimatet ist. Hierdurch können Kosten gespart und Marktanteile hinzugewonnen werden. Um vertikale Integration handelt es sich, wenn das Unternehmen Direktinvestitionen in vor- bzw. nachgelagerte Produktionsstufen im Ausland tätigt. Als Hauptgrund des Integrationsansatzes wird die Senkung der Transaktionskosten genannt, die bei der Versorgung über den Markt weitaus höher wären.[55] Ein weiterer Ansatz ist der Verhandlungsmacht- Ansatz. Dieser besagt, dass multinationale Unternehmungen aufgrund ihrer Marktmacht und der Tätigung von Direktinvestitionen bei Tarifverhandlungen in einer stärkeren Verhandlungsposition sind. Außerdem können sie flexibler auf standortbedingte Beschränkungen und Hemmnisse reagieren, die im Gastland auftreten können.[56] Bei dem des zeitpunktbezogenen Partialansatz wird die Entscheidung zur Vornahme einer Direktinvestition als Prozess verstanden. Es werden drei Fälle unterschieden, die multinationale Unternehmen dazu veranlassen, ADI zu tätigen. Zu diesen zählen das Follow-the-Leader-Verhalten, das Optimales Timing und die Auslandserfahrung. Wie der Ausdruck Follow-the-Leader-Verhalten schon vermuten lässt, kann es sein, dass ein Unternehmen Direktinvestitionen im Ausland tätigt, weil dies ein Konkurrenzunternehmen zuvor schon gewagt hat und um so zu verhindern, dass diesem daraus Wettbewerbsvorteile entstehen.[57] Beim Optimalen Timing geht es um den optimalen Zeitpunkt, eine Direktinvestition durchzuführen, um in einen ausländischen Markt einzutreten und diesen zu erobern. Ist ein Unternehmen als Pionier auf einem ausländischen Markt aktiv oder beginnt es, Investitionen in den Ausbau und die Erweiterung seiner Marktpräsenz zu tätigen, so hat es neben den bestehenden Risiken und Hemmnissen die Chance auf hohe Gewinnmargen. Spät in den Markt eintretende bzw. zu einem späteren Zeitpunkt investierende Unternehmen werden Probleme haben, in den Markt einzutreten bzw. sich zu behaupten und sich dem Phänomen schrumpfender Gewinne gegenübersehen. Somit erzielen Unternehmen, die

---

[53] Vgl. Sevov, Tihomir (2008), Seite 20
[54] Vgl. Knödler, Hermann (1999), Seite 91
[55] Vgl. Schumann, Rolf (1999), Seite 34ff
[56] Vgl. Knödler, Hermann (1999), Seite 91
[57] Vgl. Heiduk, Günter und Kerlen-Prinz, Jörg (1999), Seite 38

frühzeitig investieren, höhere Gewinne und bleiben länger im Markt. Jedoch können sich gerade diese Unternehmen auch größeren Schwierigkeiten bei der Aufnahme ihre Investitionstätigkeit gegenübersehen, wie zum Beispiel im Umgang mit Behörden.[58] Dies könnte zur Folge haben, dass Nachzügler auf die Erfahrungen und Erfolge der Pionierarbeit dieser Unternehmen zurückgreifen können und ein Marktzutritt für sie somit leichter ist. Direktinvestitionen können außerdem auch ein Resultat aus vorhandener bzw. im Laufe der Zeit gesammelter Auslandserfahrung, hervorgerufen durch Exporttätigkeiten sein. Haben Unternehmen bereits Erfahrungen via Export sammeln können, so werden sie eher dazu tendieren, Direktinvestitionen in Form von Service-, Vertriebs- und Lagereinrichtungen, Produktionsstätten und schließlich Tochterunternehmen zu tätigen.[59] Der Portfolioansatz ist der letzte Ansatz in der Theorie der multinationalen Unternehmung. Um künftigen Marktrisiken entgegenzuwirken, versucht das Unternehmen auf möglichst vielen Märkten präsent zu sein. Ziel ist es, durch Diversifizierung der Produktionsstandorte die ökonomischen Risiken zu minimieren, über mehrere Länder zu streuen und die Abhängigkeit des Gesamtgeschäfts von einzelnen Standorten zu reduzieren.

John H. Dunning verknüpfte die oben genannten partialanalytischen Ansätze zu einer eklektischen Theorie der Direktinvestition, der sogenannten OLI-Theorie (**O**wnership Specific Advantage, **L**ocation Specific Advantage, Market **I**nternalisation Specific Advantage).[60] Demnach werden multinationale Unternehmen nur dann Direktinvestitionen vornehmen, wenn Eigentumsvorteile, Standortvorteile und Internalisierungsvorteile gegeben sind.[61] [Vgl. Tabelle 1]

Die erste Komponente besagt, dass das Unternehmen über einen spezifischen Eigentumsvorteil gegenüber seinen Konkurrenten im Gastland verfügen muss. Dieser Vorteil äußert sich meist in produktionstechnischen Wissen, Patenten, Managementkapazitäten oder aber auch in der Überlegenheit, die sich aufgrund besserer Kapitalausstattung ergibt. Da diese unternehmensspezifischen Vorteile jedoch nicht an einen Standort gebunden sind, können ihre Verwertungen sowohl durch Lizenzvergabe, Export und auch Direktinvestitionen getätigt werden.[62] Die Theorie der unternehmensspezifischen Vorteile ist somit eine notwendige, aber keine hinreichende Bedingung für die Vornahme von Direktinvestitionen.

Internalisierungsvorteile stellen den zweiten Baustein der OLI- Theorie dar. Die Verwertung der unternehmensspezifischen Wettbewerbsvorteile innerhalb der eigenen Firmenhierarchie

---

[58] Vgl. Knödler, Hermann (1999), Seite 92
[59] Vgl. Knödler, Hermann (1999), Seite 92
[60] Vgl. Welter, Thomas (2000), Seite 71
[61] Vgl. Knödler, Hermann (1999), Seite 94
[62] Vgl. Welter, Thomas (2000), Seite 72

muss ertragreicher eingeschätzt werden, als die Nutzung über den ausländischen Zielmarkt. Zum Beispiel können Transaktionskosten in Form von Importzöllen und –beschränkungen reduziert bzw. umgangen werden, indem die Produktion ins Ausland verlegt wird, anstatt über Lizenzen oder Patente im Ausland.[63] Die dritte notwendige Bedingung für die Entscheidung eines direkten Engagements in einem bestimmten Land stellen die länderspezifischen Standortvorteile dar. So entscheiden hier Wachstumspotential und Größe der Märkte, Kostenvorteile bei der Produktion,[64] staatliche Investitionsanreize bzw. wirtschaftspolitische Rahmenbedingungen und auch gesellschaftliche bzw. kulturelle Besonderheiten über den relativen Vor- bzw. Nachteil eines Standorts.[65] Dunning betont, dass nur das gleichzeitige Vorhandensein aller drei Vorteile ausländische Direktinvestitionen von Unternehmungen erklärt.

5.2 Makroökonomische Ansätze

Zu den makroökonomischen Ansätzen zählen die der Außenhandelstheorie, der Zins- und Kapitalmobilität und des Währungsraums.[66]

Die klassische Außenhandelstheorie von Adam Smith 1776 geht zum einen von vollständiger Konkurrenz auf allen Märkten und von der internationalen Immobilität der Produktionsfaktoren Arbeit und Kapital aus.[67] Sie kann somit Direktinvestitionen nur ungenügend erklären.[68] Nach dem Hekscher-Ohlin-Theorem wird der internationale Handel damit begründet, dass sich Volkswirtschaften aufgrund unterschiedlicher Faktorausstattung auf die Produktion bestimmter Güter spezialisieren werden.[69] So werden sich arbeitsintensive Volkswirtschaften (z.B. wegen niedrigen Lohn- und Sozialkosten) darauf konzentrieren, arbeitsintensive Güter zu produzieren und zu exportieren. Kapitalintensive Länder (z.B. wegen hoher Qualifikation und Produktivität der Arbeitnehmer) hingegen produzieren und exportieren kapitalintensive Güter.[70] Dadurch, dass hier von mobilen Produktionsfaktoren ausgegangen wird, sind zwar Direktinvestitionen ein mögliches Resultat, jedoch kann nicht explizit unterschieden werden, wann Exporte und wann Direktinvestitionen stattfinden.[71]

Die Zinssatz- bzw. Kapitaltheorie sind renditeorientierte Ansätze. So wird gemäß der einfachen Zinssatzhypothese so lange Kapital von Ländern mit niedriger Kapitalverzinsung in

---

[63] Vgl. Knödler, Hermann (1999), Seite 95
[64] Vgl. Jahrreis, Wolfgang (1984), Seite 269f
[65] Vgl. Welter, Thomas (2000), Seite 73
[66] Vgl. Knödler, Hermann (1999), Seite 84
[67] Vgl. Duwendag, Dieter (2006), Seite 33
[68] Vgl. Knödler, Hermann (1999), Seite 84
[69] Vgl. Sevov, Tihomir (2008), Seite 17
[70] Vgl. Knödler, Hermann (1999), Seite 84
[71] Vgl. Knödler, Hermann (1999), Seite 84

Länder mit hoher Kapitalverzinsung fließen, bis sich die Zinssätze angepasst haben. Dabei wird der inländische Zinssatz als Opportunitätszinssatz angesehen. Nach dem Heckscher-Ohlin-Theorem sind diese Zinsunterschiede auf die unterschiedlichen Faktorausstattungen der Volkswirtschaften zurückzuführen.[72] Die Zinstheorie kann zwar erklären, warum es zu Kapitalverschiebungen kommt, jedoch kann sie nicht aufzeigen, in welchem eigentumsrechtlichen Umfang dies geschieht bzw. wie die unternehmerischen Kontrollmöglichkeiten, bezogen auf das Kapital, sind.

Die Währungsraumtheorie nach Aliber besagt, dass Unternehmen Kapitalkostenvorteile besitzen, wenn der Wechselkurs in deren Mutterland eine höhere Stabilität aufweist, als der im Land des Konkurrenzunternehmens und schließlich Kapital aus dem Hartwährungsland in das Land mit der weicheren Währung fließt.[73] Auch hier kann nicht unterschieden werden, in welcher Form dies geschieht.

6. Zusammenfassung und Diskussion

Im Mittelpunkt der Seminararbeit standen ausländische Direktinvestitionen und ihre Rolle in der Globalisierung. Wie zu erkennen ist, weisen Direktinvestitionen seit Mitte der achtziger Jahre im Vergleich zum Außenhandel, der bisher als Hauptindikator für die Globalisierung galt, deutlich höhere Wachstumsraten auf. So spielen in diesem Zusammenhang Direktinvestitionen multinationaler Unternehmen, mit der Zunahme der weltwirtschaftlichen Verflechtung, eine immer wichtigere Rolle. Zunächst wurde dargestellt, welche Motive die Unternehmen haben, Direktinvestitionen zu tätigen. Deutlich ist zu erkennen, dass die Erklärungen für die Entstehung von Direktinvestitionen auf der einen und deren Auswirkungen auf der anderen Seite, äußerst komplex sind. Die Motive wurden in vier Gruppen unterteilt, wobei absatz- und kostenorientierte Direktinvestitionen als Hauptmotive angesehen werden. Jedoch ist es sinnvoll, die Vornahme von Direktinvestitionen als ein komplexes Motivbündel aus allen vier Bestimmungsgründen zu sehen. Darauf aufbauend, wurden mit Hilfe von Plausibilitätsüberlegungen mögliche Beschäftigungseffekte im Inland abgeleitet. Desweiteren wurden die Folgen für die Volkswirtschaften in Heimat- und Zielland dargestellt und erörtert. Im fünften Kapitel wurden theoretische Erklärungsansätze für Direktinvestitionen auf mikro- und makroökonomischer Ebene aufgezeigt. Hier wurden auf mikroökonomischer Ebene, das heißt aus einzelwirtschaftlicher Sicht, die Partialansätze der monopolistischen Theorie von Hymer und Kindleberger, die Theorie des Standortvorteils von

---

[72] Vgl. Döhrn, Roland; Günter Heiduk (1999), Seite 25
[73] Vgl. Sevov, Tihomir (2008), Seite 18

Tesch und die Theorie der multinationalen Unternehmung beschrieben. John Dunning verbindet diese Theorien zum sogenannten eklektischen Paradigma. Hiernach werden dann ausländische Direktinvestitionen getätigt, wenn die notwendigen und hinreichenden Bedingungen Eigentums-, Standort- und Internalisierungsvorteile gleichzeitig gegeben sind. Mikroökonomische Ansätze sind im Gegensatz zu den makroökonomischen Theorien zur Erklärung von Direktinvestitionen geeignet, weil letztlich auf Unternehmensebene entschieden wird, ob, wo und in welchem Umfang investiert wird oder auch nicht.

Zusammenfassend kann gesagt werden, dass Direktinvestitionen zu einer immer wichtigeren Größe im Globalisierungsprozess geworden sind. Multinationale Unternehmen tätigen Direktinvestitionen und haben so, aufgrund ihrer immensen Macht, Einfluss auf die Entwicklung ganzer Volkswirtschaften.

III. Anhang

Energiekosten

Rohölpreis, Index (2005 = 100), in konstanten Preisen, 1965 bis 2005

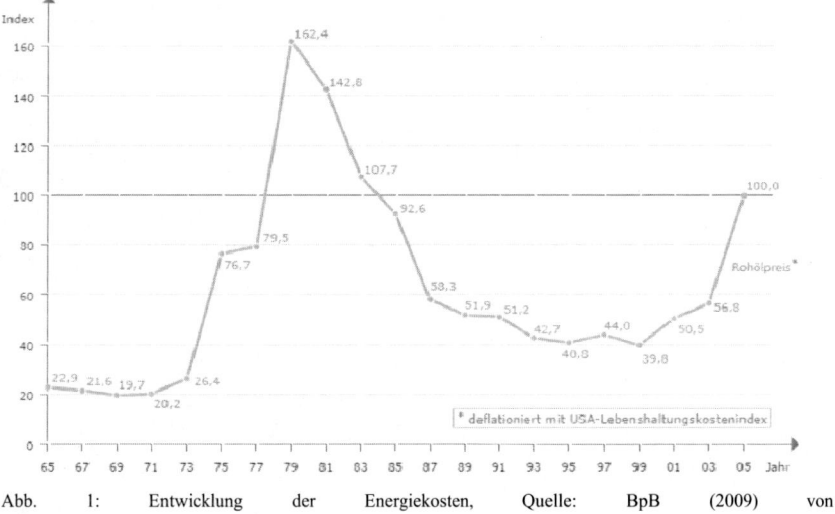

Abb. 1: Entwicklung der Energiekosten, Quelle: BpB (2009) von http://www.bpb.de/wissen/N7B60U,0,0,Energiekosten.html; Abgerufen am 16.12.2009; 13 Uhr

Transport- und Kommunikationskosten

Index (1930 = 100), in konstanten Preisen, 1930 bis 2005

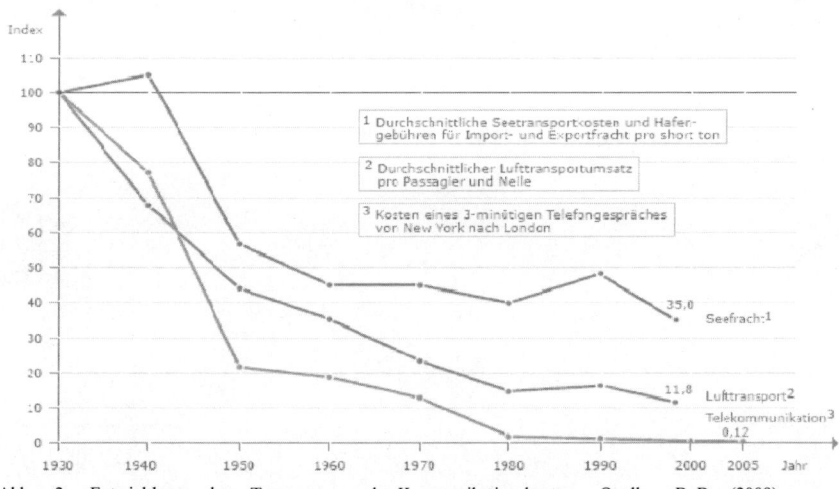

Abb. 2: Entwicklung der Transport- und Kommunikationskosten, Quelle: BpB (2009), von http://www.bpb.de/wissen/5TRK99,0,0,Transport_und_Kommunikationskosten.html; Abgerufen am 16.12.2009; 13 Uhr

Handelsgewichtete Zollbelastungen

In Prozent des Warenwertes, für alle Produkte (außer Brennstoffe u. Agrarprodukte), 1980 bis 2001

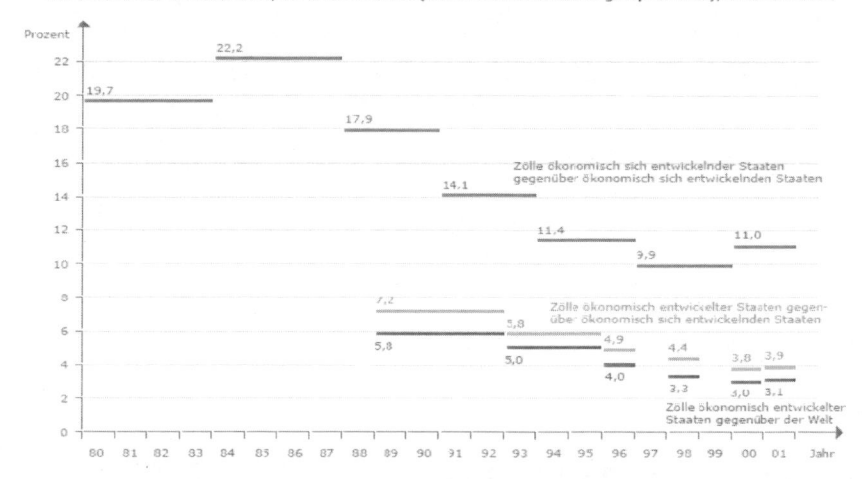

Abb. 3: Entwicklung handelsgewichteter Zollbelastungen; Quelle: BpB (2009), von http://www.bpb.de/wissen/JX7BR1,0,0,Handelsgewichtete_Zollbelastungen.html; Abgerufen am 16.12.2009, 13 Uhr

Ausländische Direktinvestitionen (ADI) pro Jahr

Inflows in absoluten Zahlen, 1980 bis 2007

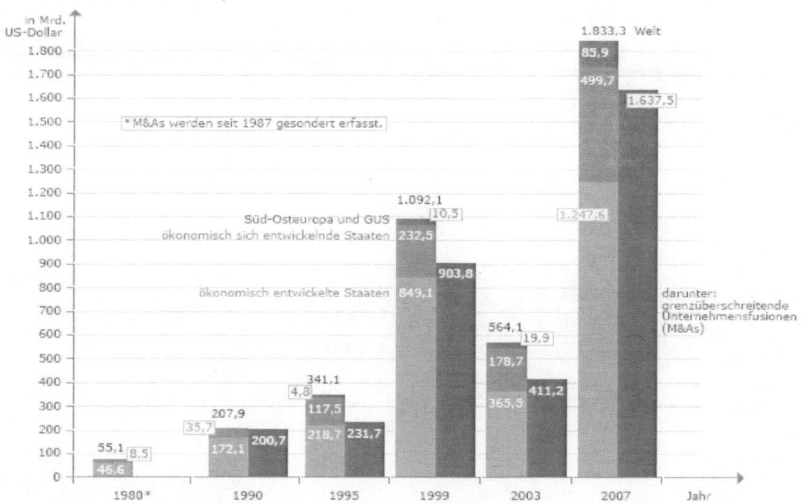

Abb.: 4: Entwicklung ausländischer Direktinvestitionen und der grenzüberschreitenden Unternehmensfusionen (M&As) pro Jahr; Quelle: BpB (2009), von

http://www.bpb.de/wissen/VULE3D,0,Ausl%E4ndische_Direktinvestitionen_%28ADI%29_pro_Jahr.html;
Abgerufen am 16.12.2009, 13 Uhr

Direktinvestitionen, Anlageinvestitionen und Exporte des verarbeitenden Gewerbes 1976-1996

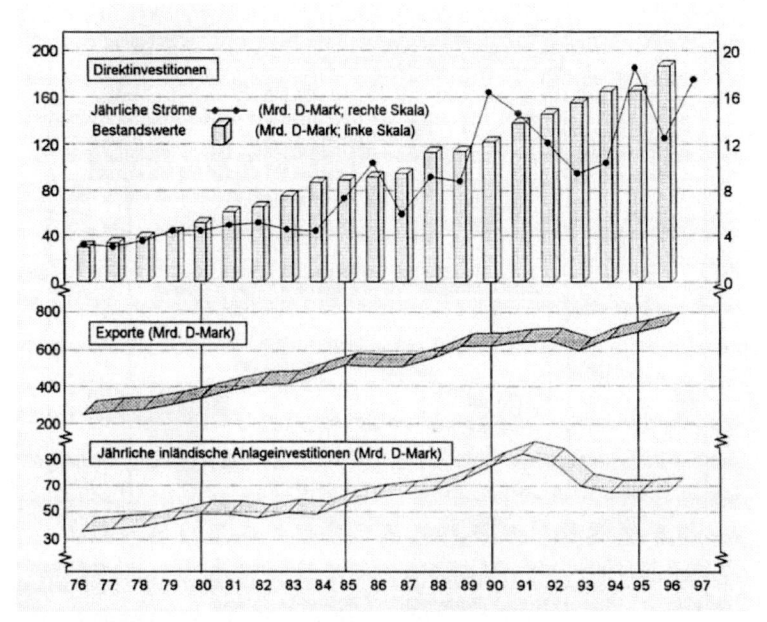

Abb.: 5 Direktinvestitionen, Anlageinvestitionen und Exporte des verarbeitenden Gewerbes 1976-1996; Quelle: Knödler, Hermann (1999), Seite 23

OLI- Konfiguration nach Dunning

Internalisierungs-strategie	Ownership Specific Advantage	Market Internalisation Specific Advantage	Location Specific Advantage
Lizenzvergabe	X		
Export	X	X	
Direktinvestitionen	X	X	X

Tabelle 1: OLI- Konfiguration nach Dunning; Quelle: Welter, Thomas (2000); Seite 72

IV. Literaturverzeichnis

Bundeszentrale für politische Bildung (2009): *Handel und Investitionen- ADI pro Jahr*, Abgerufen am 16. 12. 2009; 13 Uhr von http://www.bpb.de/wissen/VULE3D,0,Ausl%E4ndische_Direktinvestitionen_%28ADI%29_pro_Jahr.html

Deutsche Bundesbank (2009): *Merkblatt- Zahlungen im Außenwirtschaftsverkehr*, Abgerufen am 16. 12 2009; 13 Uhr von http://www.bundesbank.de/download/meldewesen/aussenwirtschaft/schluessel/awvzd.pdf

Dieter, H. (2006). Weltwirtschaft im Globalisierungsprozess. In H.-D. Haas, & S.-M. Neumair, *Internationale Wirtschaft* (S. 1-16). München: R. Oldenbourg Verlag München Wien.

Duden Wirtschaft von A bis Z. Grundlagenwissen für Schule und Studium, Beruf und Alltag. (2004). Mannheim, 2.Auflage: Bibliographisches Institut & F.A. Brockhaus 2004.

Dunning, J. H., & Hamdani, K. A. (1997). *The New Globalism and Developing Countries.* Tokyo: United Nations University Press.

Duwendag, D. (2006). *Globalisierung im Kreuzfeuer der Kritik.* Baden-Baden: Nomos Verlagsgesellschaft.

Haas, H.-D., & Neumair, S.-M. (2006). *Internationale Wirtschaft.* München: R. Oldenbourg Verlag München Wien.

Heiduk, G., & Kerlen-Prinz, J. (1999). Direktinvestitionen in der Außenwirtschaftstheorie. In R. Döhrn, & G. Heiduk, *Theorie und Empirie der Direktinvestitionen* (S. 23-54). Berlin: Duncker und Humblot.

Hilpert, G. (1992). *Wirtschaftliche Integration und Kooperation im asiatisch- pazifischen Raum.* München: ifo Studien zur Japanforschung 5.

Jahrreis, W. (1984). *Zur Theorie der Direktinvestitionen im Ausland.* Berlin: Duncker & Humblot GmbH.

Jost, T. (1997). Direktinvestitionen und der Standort Deutschland, Diskussionspapier 2/97. Frankfurt am Main: Volkswirtschaftliche Forschungsgruppe der Deutschen Bundesbank.

Kindleberger, C. P. (1969). *American Business Abroad. Six Lectures on Direct Investment.* New Haven: Yale University Press.

Knödler, H. (2002). Deutsche Direktinvestitionen, Wachstum und Strukturwandel in Russland. In D. Duwendag, *Reformen in Russland und die deutsch-russischen Wirtschaftsbeziehungen* (S. 169-190). Baden-Baden: Nomos-Verlag.

Knödler, H. (1999). *Inländische Beschäftigungseffekte deutscher Direktinvestitionen.* Stuttgart: Schäfer-Pöschel Verlag Stuttgart.

Kruber Meyer, K.-P. (2009). *Bundeszentrale für politische Bildung: Wirtschaftliche Entwicklungen zu Beginn des 21. Jahrhunderts (Heft 299).* Abgerufen am 16. 12 2009; 13 Uhr von

http://www1.bpb.de/publikationen/RJJHDP,4,0,Weltwirtschaftliche_Entwicklungen_zu_Beginn_des_21_Jahrhunderts.html#top

Olbricht, B. (1974). *Unternehmenspolitik bei Direktinvestitionen in Brasilien,*. Baden-Baden: Nomos.

Schumann, R. (1999). *Direktinvestitionen und ihre Bedeutung für die Internalisierung und die Internationalisierung und die Integration von Volkswirtschaften.* Frankfurt am Main: Peter Lang.

Sevov, T. (2008). *Ausländische Direktinvestitionen in Mittel- und Osteuropa und deren Auswirkungen.* Norderstedt: Grin Verlag.

Tesch, P. (1980). *Die Bestimmungsgründe des internationalen Handels und der Direktinvestitionen.* Berlin: Duncker & Humblot.

Welter, T. (2000). *Direktinvestitionen und der Standort Deutschland: Analye der relativ niedrigen Zuflüsse ausländischer Direktinvestitionen in die Bundesrepublik Deutschland.* Berlin: Shaker.